Bob Hayes, receptor

LA HISTORIA DE LOS DALLAS COWBOYS

Dak Prescott, mariscal de campo

LA NFL HOY EN DÍA
LA HISTORIA DE
LOS DALLAS COWBOYS

JIM WHITING

Leighton Vander Esch, apoyador

CREATIVE EDUCATION / CREATIVE PAPERBACKS

Publicado por Creative Education y Creative Paperbacks
P.O. Box 227, Mankato, Minnesota 56002
Creative Education y Creative Paperbacks son marcas
editoriales de The Creative Company
www.thecreativecompany.us

Dirección de arte por Tom Morgan (www.bluedes.com)
Art direction by Rita Marshall

Fotografías por Alamy (Cal Sport Media, McClatchy-Tribune), Getty (Andy Lyons, Bettmann, Cooper Neill, Focus on Sport, George Gojkovich, George Rose, Icon Sportswire, James Drake, Jim McIsaac, Michael Owens, Mitchell Layton, Nate Fine, Otto Greule Jr, Patrick McDermott, Richard Mackson, Ronald C. Modra, Ronald Martinez, Scott Halleran, Wesley Hitt), NFL (Greg Trott, Tony Tomsic/WireImage.com)

Copyright © 2025 Creative Education, Creative Paperbacks
Los derechos internacionales de autor reservado en todoslos países. Prohibida la reproducción total o parcial de estelibro por cualquier método sin el permiso escrito del editor.

Library of Congress Cataloging-in-Publication Data
Names: Whiting, Jim, 1943- author. | Whiting, Jim, 1943- NFL hoy en día.
Title: La historia de los Dallas Cowboys / by Jim Whiting.
Other titles: Story of the Dallas Cowboys. Spanish.
Description: Mankato, Minnesota : Creative Education and Creative Paperbacks, [2025] | Series: Creative sports: la NFL hoy en día | Includes index. | Audience: Ages 8-12 | Audience: Grades 4-6 | Summary: "Translated into North American Spanish, middle grade football fans are introduced to the extraordinary history of the NFL's Dallas Cowboys with a photo-laden narrative of their greatest successes and losses"-- Provided by publisher.
Identifiers: LCCN 2023044082 (print) | LCCN 2023044083 (ebook) | ISBN 9798889891505 (library binding) | ISBN 9781682775431 (paperback) | ISBN 9798889891581 (ebook)
Subjects: LCSH: Dallas Cowboys (Football team)--History--Juvenile literature. | Dallas Cowboys (Football team)--Biography--Juvenile literature. | CYAC: Dallas Cowboys (Football team). | Football. | LCGFT: Biographies.
Classification: LCC GV956.D3 W4418 2025 (print) | LCC GV956.D3 (ebook) | DDC 796.332/64097642812--dc23/eng/20231013
LC record available at https://lccn.loc.gov/2023044082
LC ebook record available at https://lccn.loc.gov/2023044083

Impreso en China

Los linieros defensivos Bob Lilly, Jethro Pugh y Larry Cole

CONTENIDO

Cambiando las cosas 8

Nacen los 'Boys 13

Anclas levadas con Staubach 17

De vuelta a la respetabilidad 21

Logrando muchas victorias 24

Índice 32

LOS GRANDES DEL FÚTBOL AMERICANO

Haciendo honor a su apodo 10

Construyendo una gran defensa 15

Valió la pena la espera 16

¡Se va, se va, se fue! 20

Muy pequeño, ¿muy lento? ¡Pues no! 27

Tres de un tipo 29

LOS DALLAS COWBOYS

CAMBIANDO LAS COSAS

Por muchos años, los Dallas Cowboys fueron uno de los mejores equipos de la National Football League (NFL). Entre 1966 y 1985, solo en dos ocasiones no llegaron a la eliminatorias. Durante ese período, ganaron dos Super Bowls.

Pero en 1986, empezaron una racha de sequía. Tuvieron récords de derrotas. Su peor temporada fue 1989. Dallas ganó un solo juego. Pero los directivos del equipo ya habían empezado a sentar las bases para el éxito futuro. Reclutaron al receptor Michael Irvin en la primera ronda del Draft de la NFL 1988. Al año siguiente, eligieron al mariscal de campo Troy Aikman como seleccionado principal general. El corredor Emmitt Smith fue la principal elección de Dallas en 1990.

"The Triplets" (los triates) pronto rindieron dividendos. En 1991, ayudaron a lanzar a Dallas de regreso a las eliminatorias, con una anotación de 11–5. Derrotaron a los Chicago Bears, 17–13, en la ronda de comodines. Pero los Detroit Lions los aplastaron en la ronda divisional, 38–6.

Las cosas mejoraron en 1992. Los Cowboys lideraban la División Este de la National Football Conference (NFC), con una anotación de 13–3. Vencieron a los Philadelphia Eagles, 34–10, en la ronda divisional de las eliminatorias.

El tacleador defensivo Russell Maryland y el apoyador Ken Norton

MICHAEL IRVIN
RECEPTOR
TEMPORADAS DE LOS COWBOYS: 1988–99
ALTURA: 6 PIES Y 2 PULGADAS (1,88 M)
PESO: 207 LIBRAS (94 KG)

HACIENDO HONOR A SU APODO

Michael Irvin tuvo un impacto inmediato. Se convirtió en el primer receptor novato de Dallas en empezar el partido inaugural de la temporada en 20 años. Sus 20,4 yardas por atrapada ocupaban el tercer lugar en la liga. La mejor temporada de Irvin fue 1995. Él atrapó 111 pases. Tuvo 1.603 yardas de recepción. Estableció un récord en la NFL con once partidos de 100 yardas. Irvin también fue seleccionado para cinco Pro Bowls consecutivos. Su apodo era "Playmaker" (organizador del juego). Durante su carrera hizo muchas grandes jugadas. Su placa de Texas decía PLY MKR. "Lo que me daba una ventaja era mi ética de trabajo", explicó Irvin. "Me daba seguridad". Una lesión grave en 1999 acabó prematuramente con su carrera.

Troy Aikman, mariscal de campo

Ahora, se enfrentaban a los San Francisco 49ers para el campeonato de NFC. En el medio tiempo, los equipos iban empatados 10–10. Los Cowboys marcharon por el campo después de la patada inicial del segundo tiempo. El corredor de poder Daryl "Moose" Johnston se abrió paso hacia la zona de anotación desde cuatro yardas de distancia. Un gol de campo de San Francisco redujo la diferencia de puntos a 17–13. Dallas tenía otro pase largo. Aikman hizo un lanzamiento a Smith, anotando 16 yardas. Ahora, los Cowboys iban adelante, 24–13.

Estuvieron a punto de poner fin al partido a la mitad del cuarto tiempo. El apoyador Ken Norton Jr. interceptó un pase. Dallas bajó el balón hacia la línea de siete yardas. En la 4° y 1, el entrenador de los Cowboys, Jimmy Johnson, dejó pasar lo que hubiera sido un gol de campo fácil. Aikman le pasó el balón a Smith. Este fue bloqueado sin ganancia. Los 49ers los aventajaron. Anotaron un touchdown cuando quedaban más de cuatro minutos. Esto redujo la diferencia de puntos a 24–20. "Ahora ellos [Dallas] permitieron que los 49ers regresaran al partido, y ahora tienen una tremenda pelea en sus manos", dijo el cronista John Madden. Si San Francisco pudiera obligar a Dallas a realizar una patada de despeje, tendrían tiempo de sobra para anotar de nuevo.

En la primera jugada después de la patada inicial, Aikman retrocedió para lanzar un pase desde su línea de 21 yardas. Encontró al receptor Alvin Harper en la 35 de Dallas. "El balón está allí, lanzado perfectamente", dijo Madden. Harper lo atrapó a toda velocidad. Se escapó del que hubiera sido su tacleador. Aceleró por el campo. Los 49ers finalmente acorralaron a Harper en la 9, después de una ganancia de 70 yardas. En el tercer intento, Aikman lanzó el balón al receptor Kelvin Martin, en la yarda dos. Martin se zambulló en la zona de anotación. Bloquearon el punto extra. Pero eso no importó. Dallas ganó, 30–20.

Esa victoria los colocó en el Super Bowl XXVII (27). Los Cowboys derrotaron con facilidad a los Buffalo Bills, 52–17. Dallas también ganó dos de los siguientes tres Super Bowls. En el sitio web del equipo, se refieren a la atrapada de Harper como "Una jugada de 70 yardas que encendió una dinastía [...] una de las jugadas más importantes en la historia de la franquicia".

NACEN LOS 'BOYS

Hacia finales de la década de 1950, la NFL se estaba volviendo cada vez más popular. El millonario de Dallas, Lamar Hunt, quería llevar un equipo a su ciudad. La liga dijo que no. En 1959, Hunt unió fuerzas con otros siete propietarios. Este grupo creó la American Football League (AFL). El equipo de Hunt era los Dallas Texans.

Para competir con la AFL, la NFL le otorgó un equipo de expansión a otro millonario de Dallas, Clint Murchison, Jr. Él contrató a Tex Schramm como

Don Meredith, mariscal de campo

director general. Schramm instaló su oficina en una esquina del Texas Auto Club. "La gente escuchaban allí para trazar rutas de viaje y yo estaba en una esquina discutiendo por teléfono los contratos de los jugadores", recordó Schramm. "A veces, alcanzaban a escuchar la conversación. El ruido era inconcebible".

Bob Lilly, tacleador defensivo

Schramm contrató a Tom Landry como entrenador principal. Landry era oriundo de Texas y entrenador asistente de los New York Giants. "La gente decía que era un joven genio por lo que había hecho con la defensa de los Giants", dijo Schramm. Schramm quería como mariscal de campo al "Dandy" Don Meredith, jugador All-American de la Southern Methodist University. Schramm le pidió ayuda a su amigo George Halas, propietario de los Chicago Bears. Halas eligió a Meredith en el Draft de la NFL de 1960. Luego intercambió a Meredith con Dallas. Schramm usó una táctica similar para conseguir al corredor Don Perkins.

La mayoría de los jugadores para el nuevo equipo venían de una "reserva de jugadores" de otros equipos. No eran muy buenos. Los Cowboys terminaron su primera temporada con 0–11–1. El año siguiente, ganaron cuatro partidos. Mejoraron a cinco victorias en 1962. La competencia por obtener aficionados finalmente obligó a Hunt a mudar a los Texans. En 1963, el equipo se fue a Kansas City. Allí, se convirtieron en los Chiefs.

Ahora, Dallas le pertenecía a los Cowboys. Y la ofensiva de los Cowboys ahora le pertenecía a Meredith. Él y Perkins lideraban la carga ofensiva. El tacleador gigante Bob Lilly lideraba la defensa. Medía 6 pies y 5 pulgadas (1,96 m) y pesaba 260 libras (118 kg). "No pensé que un hombre así de grande pudiera ser tan rápido", confesó Bob Kuechenberg, guardia de los Miami Dolphins. Con el tiempo, Lilly se convertiría en el primer miembro de este equipo en el Salón de la Fama del Fútbol Profesional. En 1963, los Cowboys agregaron al apoyador Lee Roy Jordan. El profundo Mel Renfro, bueno para arrebatar balones, y el receptor

TOM LANDRY
ENTRENADOR PRINCIPAL
TEMPORADAS DE LOS COWBOYS:
1960–88

CONSTRUYENDO UNA GRAN DEFENSA

Tom Landry empezó su carrera como jugador en 1949, como esquinero. En 1954, con los New York Giants, lo nombraron All-Pro. Para entonces, ya estaba trabajando como entrenador asistente. Se especializaba en defensa. Él creó la defensa 4–3. Esta consistía en cuatro linieros defensivos y tres apoyadores. "Esto revolucionó la defensa y abrió la puerta a todas las variaciones de zonas y coberturas hombre a hombre que se utilizan hoy en día", afirmó Sam Huff, uno de los más grandes apoyadores interiores en la historia de la NFL. Landry se volvió famoso por su vestimenta formal en la línea de banda, especialmente su fedora. Empezó a usarla en Nueva York. Él era calvo. Necesitaba algo para cubrir su cabeza. Las 270 victorias en la carrera de Landry (tanto en temporada normal como en eliminatorias) lo colocan en el quinto lugar de la lista de todos los tiempos.

ROGER STAUBACH
MARISCAL DE CAMPO
TEMPORADAS DE LOS
COWBOYS:
1969–79
ALTURA: 6 PIES Y 3
PULGADAS (1,90 M)
PESO: 197 LIBRAS (89 KG)

VALIÓ LA PENA LA ESPERA

Los Cowboys eligieron a Roger Staubach en la 10ª ronda del Draft de la NFL de 1964. No pudo unirse al equipo inmediatamente. Tuvo que servir cinco años en la Marina de EE. UU. Llegó a Dallas como un novato de 27 años de edad. Después, esperó detrás del iniciador Craig Morton. En 1971, el entrenador Tom Landry finalmente le entregó las riendas de la ofensiva a Staubach. Él llevó a los Cowboys a su primera victoria en un Super Bowl. "Nunca podías vencer a Roger mental ni físicamente", dijo Landry. "Él era así en un partido, en la práctica, o en el mundo de los negocios". Durante su carrera, Staubach planeó muchas victorias de recuperarse después de ir perdiendo. Por ello se ganó el apodo de "Captain Comeback" (Capitán Recuperación) También se le conocía como "Roger the Dodger" (Roger el esquivador) porque solía escaparse de quienes querían taclearlo. En general, se lo considera el más grande jugador en la historia de los Cowboys.

"Bullet" Bob Hayes, esprínter de clase mundial, llegaron en 1965. Hayes se convertiría en el único atleta en ganar tanto una medalla de oro olímpica como un anillo del Super Bowl.

En 1966, Dallas logró 10–3–1. Los Cowboys llegaron a las eliminatorias por primera vez. Pero los Green Bay Packers los detuvieron en el partido de Campeonato de la NFL. En 1967, los Cowboys se enfrentaron nuevamente a los Packers en el partido de campeonato. La temperatura oficial del partido fue de -13° Fahrenheit (-25° Celsius). La sensación térmica por el viento era de -48° F (-44° C). Los Packers anotaron un touchdown cuando quedaban solo 13 segundos. Le entregaron a Dallas una amarga derrota, 21–17. "Lo único que quería era salir de ese partido vivo", dijo Lilly.

ANCLAS LEVADAS CON STAUBACH

Después de esa desilusión, los Cowboys lograron el mejor récord en la Capitol Division durante los próximos dos años. Las dos veces perdieron en las eliminatorias ante los Cleveland Browns. En 1970, los Cowboys llegaron al Super Bowl V (5). Baltimore ganó, 16–13, en un gol de campo cuando quedaban cinco segundos. El partido se conoce como el "Blunder Bowl" (el Bowl del error). Juntos, los equipos registraron un total de 11 pérdidas de balón. Dallas cometió 10 infracciones. El apoyador de los Cowboys, Chuck Howley, fue nombrado El jugador más valioso del partido (Most Valuable Player, MVP). Es la única vez que un jugador del equipo perdedor recibió este honor.

Los Cowboys necesitaban una chispa. Esta llegó en la forma de Roger Staubach.

Él había ganado el Trofeo Heisman en la Academia Naval de Estados Unidos (Navy). Staubach llevó a Dallas al Super Bowl VI (6) contra los Miami Dolphins. Su defensa limitó a Miami a solo 185 yardas de ofensiva total. Los Cowboys ganaron, 24–3. Dallas obtuvo su primer título. Staubach recibió la distinción de El jugador más valioso. "Mi momento más satisfactorio como profesional fue en esos vestidores", dijo Staubach. "Volteé a ver en el vestidor a Bob Lilly, Chuck Howley y los demás veteranos. Podía ver el orgullo en sus rostros. Fue una gran sensación".

Dallas disfrutó de temporadas consecutivas de 10–4. Pero terminaron perdiendo en partidos de Campeonato de la NFC. La temporada de 1974 marcó la primera vez en casi una década que Dallas no llegó a la postemporada. En 1975, los Cowboys lograron regresar al Super Bowl. El partido fue incierto hasta el último momento. Pero Dallas perdió 21–17 frente a los Pittsburgh Steelers.

En 1977, llegó una nueva estrella: el corredor Tony Dorsett. Él ganó el premio al Novato Ofensivo del Año de la NFL. Los Cowboys galoparon de vuelta a la cima de la División Este de la NFC. Lograron un récord de 12–2. Cedieron tan solo 13 puntos combinados en sus dos partidos de eliminatorias. Llegaron hasta el Super Bowl XII (12). La defensa de Dallas era fuerte. Obligó a los Denver Broncos a cometer ocho pérdidas de balón. Dallas ganó, 27–10.

Para entonces, la popularidad de los Cowboys ya se había difundido más allá de Texas. "Dondequiera que los Cowboys jugaran, veías a la gente en los puestos con camisetas, gorras y banderines de los Cowboys", afirmó el hombre que preparaba la película para promocionar al equipo. Llamó a los Dallas el "Equipo de

Tony Dorsett, corredor

LOS DALLAS COWBOYS

LOS DALLAS COWBOYS CONTRA LOS MINNESOTA VIKINGS
3 DE ENERO DE 1983

¡SE VA, SE VA, SE FUE!

Los Vikings tenían a Dallas atorados en la línea de una yarda. El mariscal de campo Danny White le entregó el balón al corredor Tony Dorsett. Dorsett corrió cual ráfaga a través de una abertura estrecha. Cortó hacia su derecha justo después de la línea de 10 yardas. Varios Vikings fallaron tacleadas. Dorsett aceleró a lado del borde lateral. Minnesota tenía una última oportunidad de derribarlo. Dorsett se sacudió lo que podía haber sido una tacleada. Corrió las últimas 20 yardas hacia la zona de anotación. ¡Fue un touchdown de 99 yardas! Lo que hizo a esta carrera de Dorsett aún más extraordinaria es que se suponía que el corredor de poder Ron Springs llevaría el balón. Él entendió mal. Él trotó fuera del campo antes del pase rápido. ¡Eso significaba que los Cowboys tenían solo 10 hombres en el campo! La carrera de Dorsett permaneció como récord en la NFL durante 36 años. Derrick Henry de los Tennessee Titans lo igualó en 2018.

Estados Unidos".

En 1978, Dallas disfrutó de otra gran temporada. Los Cowboys se enfrentaron a los Steelers en el Super Bowl XIII (13). Sin embargo, perdieron. Después de eso, Dallas quedó fuera de las eliminatorias en cada uno de los cinco años siguientes. Claramente, la supremacía del equipo estaba decayendo. En 1983, varios de los grandes jugadores del Dallas de la década de 1970 y principios de los 1980 se retiraron. Los alguna vez poderosos 'Boys se arrastraban de vuelta al barracón. Necesitaban otra chispa.

DE VUELTA A LA RESPETABILIDAD

Jerry Jones, hombre de negocios de Arkansas, compró al equipo en 1989. Estaba decidido a darle vuelta a la franquicia. Jones despidió a Landry. Jimmy Johnson tomó su lugar. Él había sido entrenador de los University of Miami Hurricanes para el campeonato nacional de fútbol universitario de 1987. Dallas estaba a punto de regresar a su antigua gloria. En 1990, Emmitt Smith acompañó a Michael Irvin y a Troy Aikman. Smith logró 1.165 yardas en total y 11 touchdowns. Ganó la distinción de Novato Ofensivo del Año de la NFL. "Dieciséis equipos me rechazaron [en el draft]", dijo él. "Pero espero que 16 equipos se estén pateando a sí mismos ahora".

En 1992, "The Triplets" (los triates) fueron responsables por más de 6.500 yardas totales de ofensiva. Ellos ayudaron a Dallas a aplastar a los Bills en el Super Bowl. Era su tercer título. La diferencia de 35 puntos está en empate con los Seattle Seahawks por el tercer mayor margen de victoria en la historia del Super Bowl.

La siguiente temporada, Dallas regresó a los grandes partidos. Se enfrentaron a los Bills, otra vez. Smith corrió por 132 yardas y 2 touchdowns. Llevó a su equipo a una victoria de 30–13. En 1994, en el partido de Campeonato de la NFC, San Francisco aplastó las esperanzas de Dallas de lograr tres victorias seguidas en Super Bowl. Los 49ers ganaron, 38–28.

En 1995, los Cowboys lograron llegar otra vez al Super Bowl. Se enfrentaron nuevamente a Pittsburgh. Los Steelers habían derrotado a Dallas en dos Super Bowls anteriores. En el Super Bowl XXX (30), Dallas se vengó. Los Cowboys lograron una victoria de 27–17. Era su tercer título en cuatro años. "Cada vez que alguien nos excluía, miraba a mis chicos de la izquierda y a mis chicos de la derecha, y nos apretábamos más y nos acercábamos un poco más", dijo Irvin. "El resultado final es que lo logramos".

Los Cowboys llegaron a las eliminatorias tres veces más a finales de la década de 1990. Pero con cada temporada que pasaba, iban perdiendo fuerza. Luego, los Cowboys no llegaron a las eliminatorias durante tres años. En 2003, los Cowboys regresaron a las eliminatorias. Los Carolina Panthers los eliminaron en la ronda de comodines.

Durante los siguientes dos años, los Cowboys no llegaron a la postemporada. A la mitad de la temporada 2006, el mariscal de campo Tony Romo tomó las riendas. Dos años antes, se había unido a Dallas como agente libre no reclutado. Empezó su carrera como colocador para los pateadores. Ahora, como iniciador, tuvo un impacto inmediato. Lanzó 19 pases de touchdown y casi 3.000 yardas. Romo y los Cowboys regresaron a las eliminatorias en la ronda de comodines. Estaban en posición de derrotar a los Seattle Seahawks. Los Cowboys prepararon un gol de campo corto en los últimos momentos del partido. Pero Romo falló el pase rápido central. Seattle escapó con una victoria de 21–20.

Jason Witten, ala cerrada

LOGRANDO MUCHAS VICTORIAS

En 2007, los Cowboys ganaron 13 juegos. La ofensiva colocó muchos puntos en el marcador. La defensa sólida estaba liderada por la estrella en ascenso DeMarcus Ware, un apoyador cazacabezas. Desafortunadamente, Dallas sufrió una amarga derrota en la ronda divisional de las eliminatorias frente a los Giants, 21–17. Muchos expertos consideraban a los Cowboys de 2008 como el equipo más lleno de talento en la NFC. Pero se las vieron difíciles después de que Romo quedara fuera por un dedo roto. Dallas terminó 9–7.

En 2009, los Cowboys lograron un récord de 11–5. Estaban en la cima de la División Este de la NFC. Vencieron a los Philadelphia Eagles en la ronda de comodines. Era su primera victoria en eliminatorias desde 1996. Luego, su suerte se acabó. Los Minnesota Vikings los derrotaron en la ronda divisional, 34–3. Los Cowboys comenzaron mal en 2010. Luego, Romo se rompió la clavícula. Se esfumaron sus esperanzas de llegar a la postemporada.

Después de su recuperación, Romo ayudó a los Cowboys a mejorar a 8–8, en 2011. Dallas repitió su récord de 8–8 las siguientes dos temporadas. En 2014, los 'Boys terminaron 12–4. El corredor DeMarco Murray lideraba la liga en cuanto a yardas de carrera. Los Cowboys le ganaron a Detroit en la ronda de comodines. Pero luego, perdieron frente a los Packers.

Tanto Romo como el receptor Dez Bryant se lesionaron a principios de 2015. Los

El corredor Ezekiel Elliott y el mariscal de campo Dak Prescott

EMMITT SMITH
CORREDOR
TEMPORADAS DE LOS COWBOYS: 1990–2002
ALTURA: 5 PIES Y 9 PULGADAS (1,75 M)
PESO: 220 LIBRAS (100 KG)

MUY PEQUEÑO, ¿MUY LENTO? ¡PUES NO!

Muchas personas pensaban que Emmitt Smith era demasiado pequeño y demasiado lento para sobresalir en la NFL. Pero Smith tenía otras fortalezas. Era inteligente, ágil y poderoso. Realizaba una carrera explosiva para avanzar con fuerza. Incluso distraía a sus compañeros de equipo. "Uno de los mayores errores que yo solía cometer era observarlo después de entregarle el balón, en lugar de seguir con la finta", dijo el mariscal de campo Troy Aikman. Smith se convirtió en el cuarto jugador en ganar tres títulos seguidos por carrera en la NFL (1991–93). Él es el líder de carrera de todos los tiempos tanto en intentos (4.409) como en yardas (18.355).

Amari Cooper, receptor

Cowboys terminaron 4–12. Era su peor récord desde 1989. Dallas tuvo un gran Draft de la NFL de 2016. Eligieron al corredor Ezekiel Elliott y al mariscal de campo Dak Prescott. Este par impulsó a Dallas para igualar el mejor récord de todos los tiempos del equipo, 13–3. Cualquiera de ellos pudo haber sido Novato Ofensivo del Año de la NFL. Prescott le ganó a su compañero esta distinción. "¿Tenemos un cuchillo para cortar esto [el trofeo] a la mitad?", dijo Prescott. "Él [Elliott] se lo merece tanto como yo".

Desafortunadamente, los Cowboys perdieron frente a Green Bay en la ronda divisional de las eliminatorias, 34–31. No pudieron mantener el impulso en 2017. Dallas ganó solo nueve partidos, sin llegar a las eliminatorias.

Los Cowboys regresaron a las eliminatorias en 2018. Le ganaron a Seattle en la ronda de comodines, 24–22. Los Rams los derrocaron en la ronda divisional, 30–22. Tuvieron dificultades las siguientes dos temporadas, logrando 8–8 y 6–10, respectivamente. Dallas rebotó en 2021, logrando 12–5. Pero los 49ers los

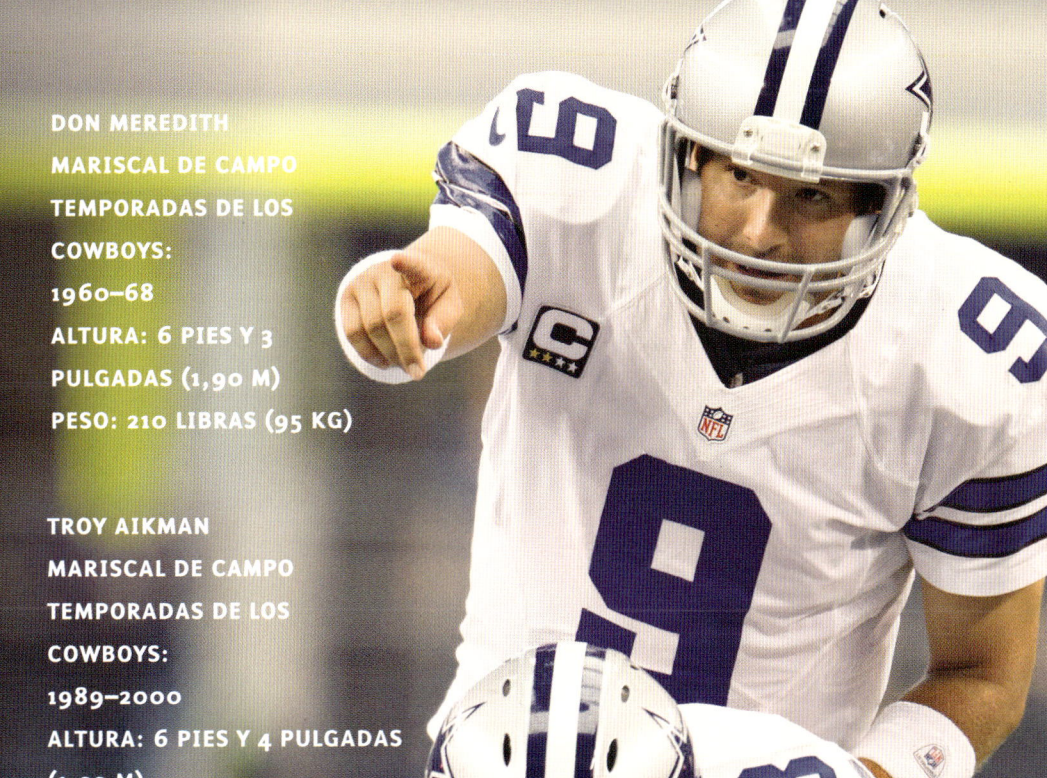

DON MEREDITH
MARISCAL DE CAMPO
TEMPORADAS DE LOS COWBOYS: 1960–68
ALTURA: 6 PIES Y 3 PULGADAS (1,90 M)
PESO: 210 LIBRAS (95 KG)

TROY AIKMAN
MARISCAL DE CAMPO
TEMPORADAS DE LOS COWBOYS: 1989–2000
ALTURA: 6 PIES Y 4 PULGADAS (1,93 M)
PESO: 219 LIBRAS (99 KG)

TRES DE UN TIPO

¿Qué tienen en común estos tres jugadores? Poco después de retirarse, se convirtieron en comentaristas de televisión muy apreciados. Meredith formó parte del primer equipo de comentaristas de Monday Night Football. Este programa debutó en 1970. "Dandy Don" era conocido por su estilo amigable y coloquial. Cuando los partidos unilaterales estaban a punto de terminar, él cantaba, "Apaguen las luces, se acabó la fiesta". Aikman empezó como cronista en 2001. Es conocido por su preparación minuciosa antes de cada partido que narra. Tiene la habilidad de explicar claramente, y a profundidad, lo que los espectadores están viendo. En 2022, se unió al equipo de Monday Night Football. Romo empezó como cronista en 2017. Es muy apreciado por su entusiasmo y su capacidad para predecir jugadas antes de que sucedan.

TONY ROMO (EN LA FOTO)
MARISCAL DE CAMPO
TEMPORADAS DE LOS COWBOYS: 2003–16
ALTURA: 6 PIES Y 2 PULGADAS (1,88 M)
PESO: 230 LIBRAS (104 KG)

LOS DALLAS COWBOYS

Micah Parsons, apoyador

vencieron en la ronda de comodines, 23–17. En 2022 igualaron esa anotación de 12-5. Derrotaron a los Tampa Buccaneers, 31–14, en la ronda de comodines. Pero Dallas perdió frente a los 49ers en la ronda divisional, 19–12.

En 2023, Dallas coqueteó con el primer puesto de la NFC durante toda la temporada. Prescott se destacó como posible MVP. Pero con 10-3, los Cowboys perdieron dos partidos seguidos. Terminaron con una marca de 12-5 (su tercer resultado consecutivo) y el segundo puesto en la ronda de comodines. Con la defensa en quinto lugar, Dallas era el gran favorito para derrotar a Green Bay, séptimo cabeza de serie. Pero los Packers abrieron con una ventaja de 27-0 en la primera mitad y se llevaron una victoria por 48-32. Fue la mayor cantidad de puntos que Dallas ha recibido en un partido de playoffs. "Sinceramente, estoy impactado", dijo Prescott. "No hay forma de suavizarlo". Los Dallas Cowboys han disfrutado muchas temporadas victoriosas durante su larga historia en la NFL. Ya habían estado en más de 30 apariciones en eliminatorias y regresaron a casa con cinco campeonatos de Super Bowl. Solo los New England Patriots, con seis, tienen más. Los aficionados están ansiosos de ver a los Cowboys coronarse como campeones de Estados Unidos, nuevamente.

DeMarcus Lawrence, ala defensiva

ÍNDICE

Aikman, Troy, 8, 11, 13, 21, 27, 29
All-Pro, 15
Bryant, Dez, 24
campeonatos del Super Bowl, 8, 13, 14, 16, 17, 18, 21, 23, 31
Dorsett, Tony, 18, 20
Draft de la NFL, 8, 14, 16, 24
El jugador más valioso, 17, 18
eliminatorias, 8, 11, 13, 17, 18, 21, 23, 24, 28, 31
Super Bowl, 8, 13, 16, 17, 18, 21, 23
Elliott, Ezekiel, 24, 28
Harper, Alvin, 13
Hayes, Bob, 14
Howley, Chuck, 17, 18
Hunt, Lamar, 13, 14
Irvin, Michael, 8, 10, 21, 23
Johnson, Jimmy, 11, 21
Johnston, Daryl, 11
Jones, Jerry, 21
Jordan, Lee Roy, 14
Landry, Tom, 14, 15, 16, 21
Lilly, Bob, 14, 17, 18
Madden, John, 11, 13
Martin, Kelvin, 13
Meredith, Don, 14, 29
Morton, Craig, 16
Murchison, Clint, Jr., 13
Murray, DeMarco, 24
Norton, Ken, Jr., 11
Novato Ofensivo del Año, 18, 21, 28
Perkins, Don, 14
Prescott, Dak, 24, 28
Pro Bowl, 10
Renfro, Mel, 14
Romo, Tony, 23, 24, 29
Salón de la Fama, 14
Schramm, Tex, 13, 14
Smith, Emmitt, 8, 11, 21, 27
Springs, Ron, 20
Staubach, Roger, 16, 17, 18
"Triplets, The", 8, 21
Ware, DeMarcus, 24
White, Danny, 20